THÉRESE

PHILOSOPHE.

TOME SECOND.

THÉRESE

PHILOSOPHE,

AVEC

L'HISTOIRE

DE

Mme BOIS-LAURIER.

Nouvelle édition, augmentée d'un plus grand nombre de figures que toutes les précédentes.

TOME SECOND.

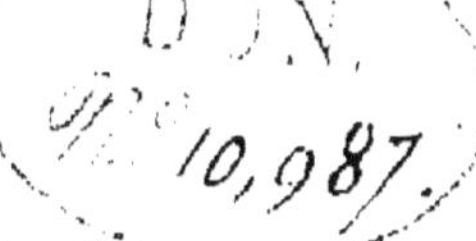
D.N.
10,987.

A LONDRES.

M.DCC.LXXXV.

HISTOIRE

DE MADAME

BOIS-LAURIER.

Tu vois en moi , ma chere Thérefe , un être fingulier. Je ne fuis ni homme ni femme, ni fille, ni veuve, ni mariée. J'ai été une libertine de profeffion . & je fuis encore pucelle. Sur un pareil début, tu me prends fans doute pour une folle ; un peu de patience, je te prie, tu fauras le mot de l'énigme. La nature, capricieufe à mon égard, a femé d'obftacles infurmontables la route des plaifirs qui font paffer une fille de fon état à celui de femme : une membrane nerveufe en ferme l'avenue avec affez d'exactitude, pour que le trait le plus délié que l'amour ait jamais eu dans son carquois , n'ait pu atteindre le but ; & ce qui te surprendra davantage , on n'a jamais pu me déterminer à subir l'opération qui pouvoit me rendre habile aux plaisirs , quoique , pour vaincre ma répugnance , on me citât à chaque instant l'exemple d'une infinité de filles qui, dans le même cas , s'étoient soumises à cette épreuve. Destinée dès ma plus tendre enfance à l'état de courtisanne , ce défaut qui sembloit devoir être l'écueil de ma fortune dans ce honteux métier , en a été au contraire le principal mobile. Tu comprends donc que lorsque je t'ai dit que mes aventures t'instruiroient des caprices des hommes, je n'ai pas entendu parler des différentes attitudes que la volupté leur fait varier , pour ainsi dire , à l'infini , dans leurs embrassemens réels avec les femmes : toutes les nuances des attitudes galantes ont été traitées avec

tant d'énergie par le célebre Pierre Aré-
tin, qui vivoit dans le quinzieme fiecle,
qu'il n'en refte rien à dire aujourd'hui. Il
n'eft donc queftion dans ce que j'ai à t'apprendre, que de ces goûts de fantaifie,
de ces complaifances bizarres que quantité d'hommes exigent de nous, & qui,
par prédilection ou par certain défaut de
conformation, leur tiennent lieu d'une
jouiffance parfaite. J'entre préfentement
en matiere.

Je n'ai jamais connu mon pere ni ma
mere. Une femme de Paris, nommée la
Lefort, logée bourgeoifement, chez laquelle j'avois été élevée comme étant fa
fille, me tira un jour myftérieufement en
particulier, pour me dire ce que tu vas
entendre. (J'avois alors quinze ans.)

Vous n'êtes point ma fille, me dit Madame Lefort; il eft tems que je vous inf-
truife de votre état. A l'âge de fix ans
vous étiez égarée dans les rues de Paris;

je vous ai retirée chez moi, nourrie & entretenue charitablement jusqu'à ce jour sans avoir jamais pu découvrir quels sont vos parens, quelques soins que je me sois donnée pour cela.

Vous avez dû vous appercevoir que je ne suis pas riche, quoique je n'aie rien négligé pour votre éducation. C'est à vous présentement à être vous - même l'instrument de votre fortune. Voici, ajouta - t - elle, ce qui me reste à vous proposer pour y parvenir. Vous êtes bien faite, jolie, plus formée que ne l'est ordinairement une fille de votre âge. M. le Président de . . . mon protecteur & mon voisin, est amoureux de vous ; il s'est déterminé à vous faire plaisir, & à vous entretenir honnêtement, pourvu que de votre part vous ayiez pour lui toutes les complaisances qu'il exigera de vous. Voyez, Manon, ce que vous voulez que je lui dise ; mais je ne dois pas vous taire, que si vous n'acceptez pas sans restriction les offres qu'il m'a chargée de vous faire, il faut vous déterminer à quitter ma maison dès aujourd'hui, parce que je suis hors d'état de vous nourrir & de vous habiller plus long-tems.

Cette confidence accablante, & la conclusion de Madame Lefort, qui l'accompagnoit, me glaça d'effroi. J'eus recours aux larmes. Point de quartier ; il fallut me décider. Après quelques explications préliminaires, je promis de faire tout ce qu'on exigeoit, au moyen de quoi Madame Lefort m'assura qu'elle me conserveroit toujours les soins & le doux nom de mere.

Le lendemain matin elle m'instruisit amplement des devoirs de l'état que j'allois embrasser, & des procédés particuliers qu'il convenoit que j'eusse avec M. le Président. Ensuite elle me fit mettre toute nue, me lava le corps du haut en bas, me frisa, me coëffa, & me revêtît d'habits beaucoup plus propres que ceux que j'avois coutume de porter.

A quatre heures après midi nous fûmes introduites chez M. le Préfident. C'étoit un grand homme, fec, dont le vifage jaune & ridé étoit enfoui dans une très-longue & trés - ample perruque quarrée. Ce refpectable perfonnage, après nous avoir fait affeoir, dit gravement, en adreffant la parole à ma mere : voilà donc la petite perfonne en queftion ? Elle eft affez bien : je vous avois toujours dit qu'elle avoit des difpofitions à devenir jolie & bien faite ; & jufqu'à préfent ce n'eft pas de l'argent mal employé : mais vous êtes fûre au moins qu'elle a fon pucellage, ajouta-t-il ? Voyons un peu, Madame Lefort. Auffi-tôt ma bonne mere me fit affeoir fur le bord d'un lit ; & me couchant renverfée fur le dos, elle releva ma chemife, & fe difpofoit à m'ouvrir les cuisses, lorsque M. le Président lui dit d'un ton brusque : eh ! ce n'est pas cela, Madame ; les femmes ont toujours la manie de montrer des devants : eh ! non, faites tourner... Ah ! Monseigneur, je vous demande pardon, s'écria ma mere : je croyois que vous vouliez voir... Çà, levez-vous, Manon, me dit elle, mettez un genoux sur cette chaise, & inclinez le corps le plus que vous pourrez. Moi, semblable à une victime, les yeux baissés, je fis ce qu'on me prescrivoit. Ma digne mere me troussa dans cette attitude jusqu'aux hanches ; & M. le Président s'étant approché, je sentis qu'elle ouvroit les levres de mon ***, entre lesquelles Monseigneur tentoit d'introduire le doigt, en tâchant, mais inutilement, de pénétrer. Cela est fort bien, dit-il à ma mere, & je suis content : je vois qu'elle est sûrement pucelle. Présentement faites-la tenir ferme dans l'attitude où elle est, occupez-vous à lui donner quelques petits coups de votre main fur les feffes. Cet arrêt fut exécuté. Un profond filence fuccéda. Ma mere foutenoit de la main gauche mes juppes & ma chemife élevées, tandis qu'elle me feffoit légérement de la droite. Curieufe de voir ce qui fe paffoit de la part du Préfident, je tournai tant foit peu la tête, je l'apperçus pofté à deux pas de mon derriere, un genoux en terre, tenant d'une main fa lorgnette braquée fur mon poftérieur, & de l'autre fecouant entre fes cuiffes quelque chofe de noir & de flafque, que tous fes efforts ne pouvoient faire guinder. Je ne fais s'il finit ou non fa befogne: mais enfin, après un quart-d'heure d'une attitude que je ne pouvois plus fupporter, Monfeigneur fe leva & gagna fon fauteuil, en vacillant fur fes vieilles jambes étiques. Il donna à ma mere une bourfe, dans laquelle il lui dit, qu'elle trouveroit les cent louis pro-

mis ; & après m'avoir honoré d'un baiser sur la joue, il m'annonça qu'il auroit soin que rien ne me manquât, pourvu que je fuffe fage, & qu'il me feroit avertir lorf-qu'il auroit befoin de moi.

Dès que nous fûmes rentrées au logis, ma mere & moi, continua Madame Bois-Laurier, je fis d'auffi férieufes réflexions fur ce que j'avois appris & vu depuis vingt-quatre heures, que celles que vous fîtes enfuite de la fuftigation de Made-moifelle Eradice par le P. Dirrag. Je me rappellois tout ce qui s'étoit dit & fait dans la maifon de Madame Lefort depuis mon enfance, & je raffemblois mes idées pour en tirer quelque conclufion raifon-nable, lorfque ma mere entra & mit fin à mes rêveries. Je n'ai plus rien à te ca-cher, ma chere Manon, me dit elle en m'embraffant, puifque te voilà affociée aux devoirs d'un métier que j'exerce avec quelque diftinction depuis vingt ans.

Ecoute donc attentivement ce que j'ai encore à te dire; & par ta docilité à suivre mes conseils, mets-toi en état de réparer le tort que te fait le Président. C'est par ses ordres, continua ma mere, que je t'ai enlevée il y a huit ans. Il m'a payé depuis ce tems une pension très-modique, que j'ai bien employée, & au-delà, pour ton éducation. Il m'avoit promis qu'il nous donneroit à chacune cent louis, lorsque ton âge lui permettroit de prendre ton pucellage; mais si ce vieux paillard a compté sans son hôte, si son vieil outil, rouillé, ridé & usé, le met hors d'état de tenter cette aventure, est-ce notre faute? Cependant il ne m'a donné que les cent louis qui me regardent; mais ne t'inquiete pas, ma chere Manon, je t'en ferai gagner bien d'autres. Tu es jeune, jolie, point connue: je vais, pour te faire plaisir, employer cette somme à te bien nipper; & si tu veux te laisser conduire, je te ferai faire à toi seule le profit que faisoient ci - devant dix ou douze demoiselles de mes amies.

Après mille autres propos de cette espece, à travers lesquels j'apperçus que ma bonne maman débutoit par s'approprier les cent louis donnés par le Président. Les conditions de notre traité furent, qu'elle commenceroit par m'avancer cet argent, qu'elle retireroit sur le produit de mes premiers travaux journaliers, & qu'ensuite nous partagerions consciencieusement les profits de la société.

La Lefort avoit un fonds inépuisable de bonnes connoissances dans Paris. En moins de six semaines, je fus présentée à plus de vingt de ses amis, qui échouerent successivement au projet de recueillir les prémisses de ma virginité. Heureusement que par le bon ordre que Madame Lefort tenoit dans la conduite de ses affaires, elle avoit exactement soin de se faire payer d'avance les plaisirs d'un travail qui étoit impraticable. Je crus même un jour qu'un gros Docteur de Sorbonne, qui s'obstinoit à vouloir gagner les dix louis qu'il avoit financés, y mourroit à la peine, ou qu'il me *désenchanteroit.*

Ces vingt Athletes furent suivis de plus de cinq cents autres. Le Clergé, l'Epée, la Robe & la Finance me placerent tour-à-tour dans les attitudes les plus recherchées : foins inutiles ; le facrifice fe faifoit à la porte du temple, ou bien la pointe du couteau s'émouffant, la victime ne pouvoit être immolée.

Enfin la folidité de mon pucellage fit trop de bruit, & parvint aux oreilles de la Police, qui parut vouloir faire ceffer les progrès des épreuves. J'en fus avertie à tems ; & nous jugeâmes, Madame Lefort & moi, que la prudence exigeoit que nous fiffions une petite éclipfe à trente lieues de Paris.

Au

Au bout de trois mois, le feu s'appaisa. Un Exempt de cette même Police, compere & ami de Madame Lefort, se chargea de calmer les esprits, moyennant une somme de douze louis-d'or que nous lui fîmes compter. Nous retournâmes à Paris avec de nouveaux projets.

Ma mere, qui avoit insisté long - tems sur ce que l'opération du bistouri me fût faite, avoit bien changé de système ; elle trouvoit dans la difformité de ma conformation un fonds inaltérable qui produisoit un gros revenu sans être cultivé, sans craindre des *orvales*, point d'enfans, point de *rhumes ecclésiastiques* à redouter. Quant à mes plaisirs, je me repaissois, ma chere Thérèse, par nécessité, de ceux dont tu sais te contenter par raison.

Cependant, poursuivit la Bois-Laurier, nous prîmes de nouvelles allures & nous nous guidâmes sur de nouveaux principes. En arrivant de notre exil volontaire, notre premier soin fut de changer de quartier ; & sans dire mot au Préfident, nous nous tranfplantâmes dans le fauxbourg Saint-Germain.

La premiere connoiffance que j'y fis, fut celle d'une certaine Baronne, qui, après avoir pendant fa jeuneffe travaillé utilement & de concert avec une Comteffe, fa fœur, aux plaifirs de la jeuneffe libertine, étoit devenue directrice de la maifon d'un riche Américain, à qui elle prodiguoit les débris de fes appas furannés, qu'il payoit bien au-delà de leur jufte valeur. Un autre Américain, ami de celui-ci, me vit & m'aima : nous nous arrangeâmes. La confidence que je lui fis du cas où j'étois, l'enchanta au lieu de le rebuter. Le pauvre homme fortoit d'entre les mains du célebre Petit : il fentoit qu'entre les miennes il étoit affuré de ne pas craindre la rechûte. Mon nouvel amant d'*Outremer* avoit fait vœu de fe borner aux plaisirs de la *petite oie ;* mais il mêloit dans l'exécution un tic singulier. Son goût étoit de me placer assise à côté de lui sur un sopha, découverte jusqu'au-dessus du nombril ; & tandis que j'empoignois & que je donnois de légeres secousses au rejetton de la racine du genre humain , il falloit que j'eusse la complaisance de souffrir qu'une femme - de - chambre, qu'il m'avoit donnée, s'occupât à couper quelques poils de ma toison. Sans ce bizarre appareil, je crois que la vigueur de dix bras comme le mien ne fût pas venue à bout de guindre la machine de mon homme, & encore moins d'en tirer une goutte d'élixir.

Du nombre de ces hommes à fantaisie étoit l'amant de Minette, troisieme sœur de la Baronne. Cette fille avoit de beaux yeux, elle étoit grande, assez bien faite, mais laide, noire, seche, minaudiere, jouant l'esprit & les sentimens sans avoir ni l'un ni l'autre. La beauté de sa voix lui avoit procuré successivement nombre d'adorateurs. Celui qui étoit alors en fonction, n'étoit ému que par ce talent; & les seuls accens de la voix mélodieuse de cet Orphée femelle avoient la vertu d'ébranler la machine de cet amant, & de l'exciter au plus grand des plaisirs.

Un jour, après avoir fait entre nous trois un ample dîner libertin, pendant lequel on avoit chanté, on m'avoit plaisantée sur la difformité de mon * * * : on avoit dit & fait toutes les folies imaginables ; nous nous culbutâmes sur un grand lit, là nos appas font étalés, les miens font trouvés admirables pour la perspective ; l'amant se met en train, il campe Minette sur le bord du lit, la trousse, l'enfile & la prie de chanter. La docile Minette, après un petit prélude, entonne un air de mouvement à trois tems coupés ; l'amant part, pousse & repousse toujours en mesure : ses levres semblent battre les cadences, tandis que ses coups de fesses marquent les tems. Je regarde, j'écoute, en riant aux larmes, couchée sur le même lit. Tout alloit bien jusques-là, lorsque la voluptueuse Minette, venant à prendre plaisir au cas, chante faux, détonne, perd la mesure : un *bémol* est substitué à un *bécarre*. Ah ! chienne, s'écrie sur-le-champ notre zélateur de la bonne musique, tu as déchiré mon oreille : ce faux ton a pénétré jusqu'à la cheville ouvriere, elle se détraque : tiens, dit-il en se retirant, regarde l'effet de ton maudit *bémol*. Hélas ! le pauvre diable étoit *mol*, le meuble qui battoit la mesure n'étoit plus qu'un chiffon.

Mon amie, désespérée, fit des efforts incroyables pour ranimer son acteur, mais les plus tendres baisers, les attouchemens les plus lascifs furent employés en vain ; ils ne purent rendre l'élasticité à la partie languissante. Ah ! mon cher ami, s'écria-t-elle, ne m'abandonne pas : c'est mon amour pour toi, c'est le plaisir qui a dérangé mon organe : me quitteras-tu dans cet heureux moment ! Manon, ma chere Manon ! secoure-moi : montre-lui ta petite moniche ; elle lui rendra la vie, elle me la rendra à moi-même ; car je meurs, s'il ne finit. Place-la, mon cher Bibi, dit-elle à son amant, dans l'atti-tude voluptueuse où tu mets quelquefois la Comtesse ma sœur ; l'amitié de Manon pour moi me répond de sa complaisance.

Pendant toute cette singuliere scene, je n'avois cessé de rire jusqu'à perdre la respiration. En effet, a-t-on jamais vu faire une pareille besogne en chantant, & battre la mesure avec un pareil outil ? & jamais a-t-on pu imaginer qu'un *bémol* au lieu d'un *bécarre* dût faire rater & rentrer un homme en lui-même ?

Je concevois bien que la sœur de la

Baronne se prêtoit à tout ce qui pouvoit plaire à son amant, moins par la volupté que pour le retenir dans ses liens, par des complaisances qu'elle lui faisoit payer chérement ; mais j'ignorois encore quel avoit été le rôle de la Comtesse que l'on me prioit de doubler. Je fus bientôt éclaircie : voici quel il fut.

Les deux amans me couchent sur le ventre, sous lequel ils mettent trois ou quatre coussins qui tiennent mes fesses élevées ; puis ils me troussent jusqu'au-dessus des hanches, la tête appuyée sur le chevet du lit. Minette s'étend sur le dos, place sa tête entre mes cuisses, ma toison jointe à son front, auquel elle servoit comme de toupet. Bibi leve les jupes & la chemise de Minette, se couche sur elle, & se soutiens sur les bras. Remarque, ma chere Thérèse, que dans cette attitude M. Bibi avoit pour perspective, à quatre doigts de son nez, le visage de son amante, ma toison, mes fesses, & le reste. Pour cette fois il se passa de musique : il baisoit indistinctement tout ce qui se présentoit devant lui, visage, cul, bouche, & nulle préférence marquée, tout lui étoit égal : son dard, guidé par la main de Minette, reprit bientôt son élasticité & rentra dans son premier gîte. Ce fut alors que les grands coups se donnerent : l'amant pouffoit, Minette juroit, mordoit, remuoit la charniere avec une agilité sans égale ; pour moi, je continuois de rire aux larmes, en regardant de tous mes yeux la besogne qui se faisoit derriere moi. Enfin, après un assez long travail, les deux amans se pâmerent & nagerent dans une mer de délices.

Quelque tems après je fus introduite chez un Évêque, dont la manie plus bruyante, plus dangereuse pour le scandale & pour le tympan de l'oreille le mieux organisé. Imagine-toi que, soit par goût de prédilection, soit par un défaut d'organisation, dès que Sa Grandeur sentoit les approches du plaisir, elle mugissoit, & crioit à haute voix, *hai ! hai ! hai !* en forçant le ton à proportion de la vivacité du plaisir dont il étoit affecté ; de sorte que l'on auroit pu calculer les gradations du chatouillement que ressentoit le gros & ample Prélat, par les degrés de force qu'il employoit à mugir *hai ! hai ! hai !* tapage qui, lors de la décharge de Monseigneur, auroit pu être entendu à mille pas à la ronde, sans la précaution que son valet - de - chambre prenoit, de matelasser les portes & les fenêtres de l'appartement épiscopal.

Je ne finirois pas, si je te faisois le tableau de tous les goûts bizarres, des singularités que j'ai connues chez les hommes, indépendamment de diverses postures qu'ils exigent des femmes dans le coït.

B 5

Un jour je fus introduite par une petite porte de derriere chez un homme de nom & fort riche, à qui, depuis cinquante ans, tous les matins une fille nouvelle pour lui, rendoit pareille visite. Il ouvrit lui-même la porte de son appartement. Prévenue de l'*étiquette* qui s'observoit chez ce paillard d'habitude, dès que je fus entrée je quittai robe & chemise. Ainsi nue, j'allai lui présenter mes fesses à baiser dans un fauteuil où il étoit gravement assis. Cours donc vîte, ma fille, me dit-il, tenant d'une main son paquet qu'il secouoit de toute sa force, & de l'autre une poignée de verges dont mes fesses étoient simplement menacées. Je me mets à courir, il me suit : nous faisons cinq à six tours de chambre, lui criant comme un diable : cours donc, coquine, cours donc. Enfin, il tombe pâmé dans son fauteuil ; je me rhabille, il me donne deux louis, & je sors.

Un autre me plaçoit fur le bord d'une chaife, découverte jufqu'à la ceinture. Dans cette pofture, il falloit que, par complaifance, quelquefois auffi par goût, je me ferviffe du frottement de la tête d'un *godemichi*, pour me provoquer au plaifir. Lui, pofté dans la même attitude vis-à-vis de moi à l'autre extrêmité de la chambre, travailloit de la main à la même befogne, ayant les yeux fixés fur mes mouvemens, & finguliérement attentif à ne terminer fon opération, que lorfqu'il apperçoit que ma langueur annonçoit le comble de la volupté.

Un troifieme (c'étoit un vieux Médecin) ne donnoit aucun figne de virilité, qu'au moyen de cent coups de fouet que je lui appliquois fur les feffes, tandis qu'une de mes compagnes, à genoux devant lui, la gorge nue, travailloit avec fes mains à difpofer le nerf érecteur de cet Efculape moderne, d'où exhaloient

enfin les efprits qui , mis en mouvement
par la fuftigation , avoient été forcés de
fe porter dans la région inférieure. C'eft
ainfi que nous la difpofions, ma camarade
& moi , par ces différentes opérations , à
répandre le baume de vie. Tel étoit le
méchanifme par lequel ce Docteur nous
affuroit qu'on pouvoit reftaurer un homme ufé , un impuiffant , & faire conce-
voir une femme ftérile.

Un quatrieme (c'étoit un voluptueux
Courtifan , ufé de débauches) me fit venir
chez lui avec une de mes compagnes.
Nous le trouvâmes dans un cabinet envi-
ronné de glaces de toutes parts , difpofées
de maniere que toutes faifoient face à un
lit de repos de velours cramoifi , qui étoit
placé dans le milieu. Vous êtes de char-
mantes Dames adorables , nous dit af-
fectueufement le Courtifan : cependant
vous ne trouverez pas mauvais que je
n'aie pas l'honneur de vous ... ce fera , fi

vous le trouvez bon, un de mes valets-
de-chambre, garçon beau & bien fait,
qui aura celui de vous amuſer. Que
voulez-vous, mes beaux enfans, ajouta-
t-il, il faut ſavoir aimer ſes amis avec
leurs défauts. Je ne puis plus jouir des
plaiſirs, ſi ce n'eſt par l'idée que je me
forme de ceux que je vois prendre aux
autres. D'ailleurs, chacun ſe mêle de ...
Eh! ne ſeroit-il pas impitoyable que gens
comme moi, ſoyions les ſinges d'un gros
vilain payſan? Après ce diſcours préli-
minaire, prononcé d'un ton mielleux, il
fit entrer ſon valet-de-chambre, qui parut
en petite veſte de ſatin, couleur de chair,
en habit de combat. Ma camarade fut
couchée ſur le lit de repos, bien duement
trouſſée par le valet-de-chambre, qui
m'aida enſuite à me déshabiller nue de la
ceinture en-haut. Tout étoit compaſſé &
ſe faiſoit avec meſure. Le maître dans un
fauteuil examinoit & tenoit ſon inſtru-

ment mollet à la main. Le valet-de-chambre, au contraire, qui avoit deſcendu ſes culottes juſques ſur ſes genoux & tourné le bas de ſa chemiſe autour de ſes reins, en laiſſoit voir un des plus brillans. Il n'attendoit, pour agir, que les ordres de ſon maître qui lui annonça qu'il pouvoit commencer. Auſſi-tôt le fortuné valet-de-chambre grimpe ſur ma camarade, l'enfile & reſte immobile. Les feſſes de celui-ci étoient découvertes. Prenez la peine, Mademoiſelle, dit notre Courtiſan, de vous placer à l'autre côté du lit, & de chatouiller cette ample partie de C... qui pendent entre les cuiſſes de mon homme qui eſt, comme vous voyez, un fort honnête Lorrain. Cela exécuté de ma part, nue, comme je vous ai dit, de la ceinture en-haut, l'ordonnateur de la fête dit à ſon valet - de - chambre qu'il pouvoit aller ſon train. Celui-ci pouſſe ſur-le-champ & repouſſe avec une mobi-

lité de feffes admirable : ma main fuit
leurs mouvemens, ne quitte point les
deux énormes *verrues*. Le maître parcourt
des yeux fes miroirs, qui lui rendent des
tableaux diverfifiés, felon le côté dont
les objets font réfléchis. Il vient à bout
de faire roidir fon inftrument qu'il fecoue
avec vigueur : il fent que le moment de
la volupté s'approche. Tu peux finir,
dit-il à fon valet-de-chambre. Celui-ci
redouble fes coups ; tous deux enfin fe
pâment & répandent la liqueur divine.

Chere Thérefe, dit la Bois-Laurier en
pourfuivant fes propos, je me rappelle
fort à propos d'une plaifante aventure qui
m'arriva ce même jour avec trois *Capu-
cins :* elle te donnera une idée de l'exactitude de ces bons peres à obferver leur
vœu de chafteté.

Après être fortie de chez le Courtifan
dont je viens de te parler, & avoir dit
adieu à ma compagne, comme je tournois

le premier coin de rue pour monter dans
un fiacre qui m'attendoit, je rencontrai
la *Dupuis*, amie de ma mere, digne émule
de son commerce, mais qui en exerçoit
les travaux dans un monde moins bruyant.
Ah, ma chere Manon, me dit - elle en
m'abordant, que je suis ravie de te ren-
contrer! Tu sais que c'est moi qui ai
l'honneur de servir presque tous nos Moines de Paris. Je crois que ces chiens-là se
sont tous donné le mot aujourd'hui pour
me faire enrager : ils sont tous en *rut*.
J'ai depuis ce matin neuf filles en cam-
pagne pour eux en diverses chambres &
quartiers de Paris, & je cours depuis
quatre heures, sans en pouvoir trouver
une dixieme pour trois vénérables Capu-
cins, qui m'attendent encore dans un
fiacre bien fermé, dans le chemin de ma
petite maison. Il faut, Manon, que tu me
fasses le plaisir d'y venir; ce sont de bons
diables, ils t'amuseront. J'eus beau dire

à la Dupuis qu’elle favoit bien que je n’étois pas un gibier de Moines, que ces Meffieurs ne fe contentoient pas des plaifirs de fantaifie, de ceux de la petite oie, mais qu’il falloit, au contraire, des filles dont les ouvertures fuffent libres. Parbleu! répliqua la Dupuis, je te trouve admirable de t’inquiéter des plaifirs de ces coquins-là; il fuffit que je leur donne une fille; c’eft à eux en tirer tel parti qu’ils pourront. Tiens, voilà fix louis qu’ils m’ont mis en mains: il y en a trois pour toi, veux-tu me fuivre? La curiofité autant que l’intérêt me détermina. Nous montâmes dans mon fiacre, & nous nous rendîmes près de *Montmartre*, à la petite maifon de la Dupuis.

Un inftant après, entrent nos trois Capuchons, qui, peu accoutumés à goûter d’un morceau auffi friand que je paroiffois l’être, fe jettent fur moi comme trois dogues affamés. J’étois dans ce moment debout , un pied élevé fur une chaife , nouant une de mes jarretieres. L'un , avec une barbe rouffe & une hacine infectée , vint m'appuyer un baifer fur la parole , encore cherchoit-il à chiffonner avec fa langue. Un fecond tracaffoit groffièrement fa main dans mes tettons ; & je fens le vifage du troifieme , qui avoit levé ma chemife par derriere , appliqué contre mes feffes , tout près du trou mignon. Quelque chofe de rude comme du crin , paffé entre mes cuiffes , me farfouilloit le quartier de devant ; j'y porte la main : qu'eft-ce que je faifis ? la barbe du P. Hilaire , qui , fe fentant pris & tiré par le menton , m'applique , pour m'obliger à lâcher prife , un affez vigoureux coup de dent dans une feffe. J'abandonne en effet la barbe ; & un cri perçant que ma douleur m'arracha , en impofa heureufement à ces effrénés , & me tira pour un moment de leurs pattes. Je m'af-

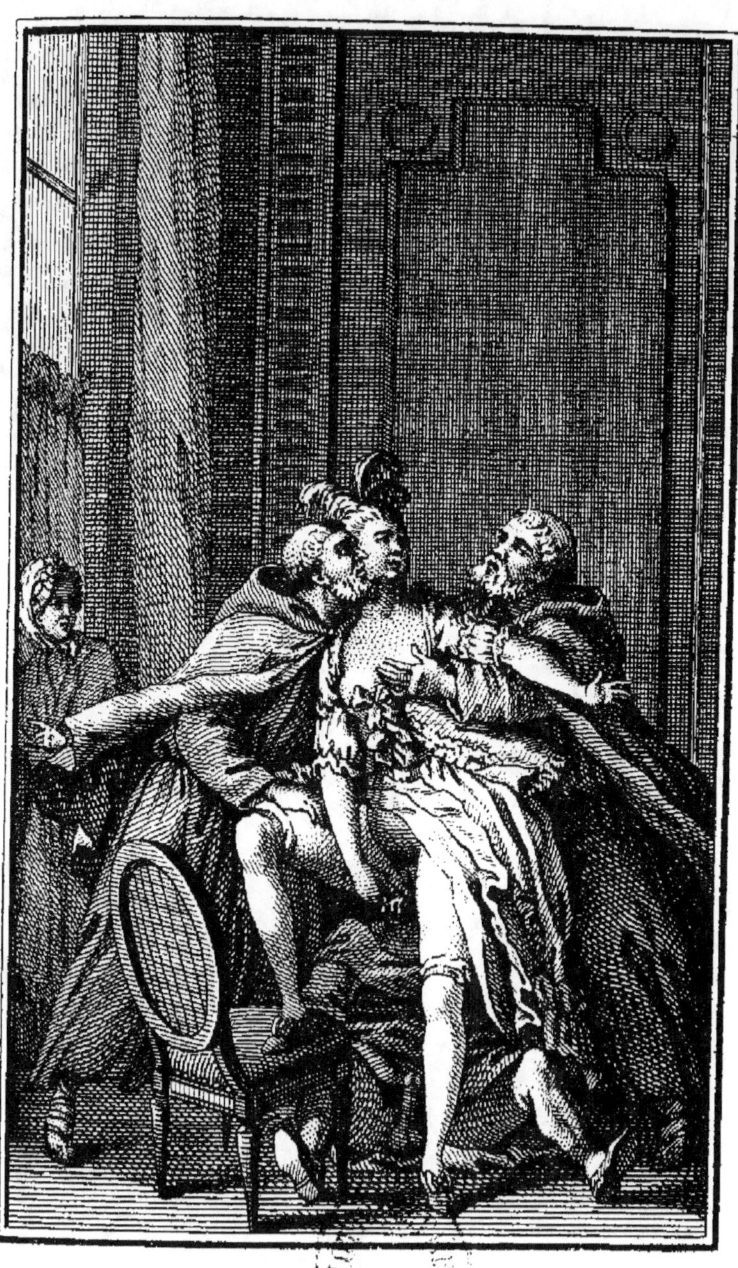

fis sur un lit de repos près lequel j'étois ;
mais à peine eus-je le tems de m'y recon-
noître, que trois instrumens énormes se
trouvent braqués devant moi. Ah ! mes
peres, m'écriai - je : un moment de patience, s'il vous plaît : mettons un peu
d'ordre dans ce qui nous reste à faire. Je
ne suis pas venue ici pour jouer la vestale :
voyons donc avec lequel de vous trois je
…? C'est à moi, s'écrient - ils tous en-
semble , sans me donner le tems d'a-
chever. A vous , jeunes bardes, reprit
l'un d'eux en nazillant ? Vous osez dis-
puter le pas à P. Ange , ci - devant Gar-
dien de … prédicateur du carême de …
votre supérieur ! Où est donc la subordi-
nation ? Ma foi, ce n'est pas chez la Dupuis, reprit l'un d'eux sur le même ton :
ici P. Anselme vaut bien P. Ange. Tu en
as menti, répliqua ce dernier en apostro-
phant un coup de poing dans le milieu
de la face du très-révérend pere Anselme.

Celui - ci, qui n'étoit rien moins que manchot, saute sur le P. Ange : tous deux se saisissent, se collettent, se culbutent, se déchirent à belles dents : leurs robes relevées sur leurs têtes, laissent à découvert leurs misérables outils, qui, de saillans qu'ils s'étoient montrés, se trouvoient réduits en forme de lavettes. La Dupuis accourut pour les séparer ; elle n'y réussit qu'en appliquant un grand sceau d'eau fraîche sur les parties honteuses de ces deux disciples de S. François.

Pendant le combat, P. Hilaire ne s'amusoit point à la moutarde. Comme je m'étois renversée sur le lit, pâmée de rire & sans forces, il fourrageoit mes appas, & cherchoit à manger l'huître disputée à belles gourmades par ses deux compagnons. Surpris de la résistance qu'il rencontre, il s'arrête pour examiner de près les débouchés ; il entr'ouvre la coquille, point d'issues. Que faire ? il cherche de

nouveau à percer : foins perdus, peines inutiles. Son inftrument, après des efforts redoublés, eft réduit à l'humiliante ref- fource de cracher au nez de l'huître qu'il ne peut gober.

Le calme fuccéda tout-à-coup aux fu- reurs monacales. P. Hilaire demande un inftant de filence : il informe les deux combattans de mon irrégularité & de la barriere infurmontable qui fermoit l'en- trée du féjour des plaifirs. La vieille Du- puis effuya de vifs reproches, dont elle fe défendit en plaifantant ; & en femme qui fait fon monde, elle tâcha de faire diverfion par l'arrivée d'un convoi de bouteilles de vin de Bourgogne qui furent bientôt fablées.

Cependant les outils de nos peres re- prennent leur premiere confiftance. Les libations bachiques font interrompues de tems à autre par des libations à priape. Toutes imparfaites qu'étoient celles - ci, nos frappards semblent s'en contenter, & tantôt mes fesses, tantôt leurs revers, servent d'autel à leurs offrandes.

Bientôt une excessive gaieté s'empare des esprits. Nous mettons à nos convives du rouge, des mouches : chacun d'eux s'affuble de quelqu'un de mes ajustemens de femme : peu - à - peu je suis dépouillée toute nue, & couverte d'un simple manteau de Capucin ; équipage dans lequel ils me trouvent charmante. N'êtes-vous pas trop heureux, s'écria la Dupuis qui étoit à moitié ivre, de jouir du plaisir de voir un minois comme celui de la charmante Manon ? Non, ventrebleu, répliqua P. Ange d'un ton de fureur bachique : « Je ne suis point venu ici pour voir un » minois : c'est pour f..... un c..., que je » m'y suis rendu : j'ai bien payé, ajouta- » t-il ; & ce v.. que je tiens en main, » n'en sortira ventredieu pas qu'il n'ait » f...., fût-ce le diable. »

Ecoute bien cette scene, me dit la Bois-Laurier en s'interrompant, elle est originale; mais je t'avertis (peut - être un peu tard) que je ne puis rien retrancher à l'énergie des termes, sans lui faire perdre toutes ses graces.

La Bois-Laurier avoit trop galamment commencé pour ne pas la laisser finir de même: je souris; elle continua ainsi le récit de cette aventure.

Fût-ce le diable! répéta la Dupuis, en se levant de dessus sa chaise & élevant sa voix du même ton nazillant que celui du Capucin: eh bien! b....., dit - elle en se troussant jusqu'au nombril, « regarde ce » c.. vénérable, qui en vaut bien deux : » je suis une bonne diablesse ; f.. -moi » donc, si tu l'oses. & gagne ton argent. » Elle prend en même tems P. Ange par la barbe & l'entraîne sur elle en se laissant tomber sur le petit lit. Le pere n'est point déconcerté par l'enthousiasme de sa proferpine, il fe difpofe à l'enfiler, & l'enfile à l'inftant.

A peine la fexagénaire Dupuis eut-elle éprouvé le frottement de quelques fe- couffes du pere, que ce plaifir délicieux, qu'aucun mortel n'avoit eu la hardieffe de lui faire goûter depuis plus de vingt- cinq ans, la tranfporte & lui fait bientôt changer de ton. Ah! mon papa, difoit- elle en fe démenant comme une enragée, « mon cher papa, f..... donc... donne- » moi du plaifir... je n'ai que quinze » ans, mon ami; oui, vois-tu? je n'ai » que quinze ans... fens-tu ces allures? » ... Va donc, mon petit Chérubin!... » tu me rends la vie... tu fais une œuvre » méritoire...»

Dans l'intervalle de ces tendres exclamations, la Dupuis baifoit fon champion, elle le pinçoit, elle le mordoit avec les deux uniques chicots qui lui reftoient dans la bouche.

D'un

D'un autre côté, le pere, qui étoit fur-
chargé de vin, ne faifoit que hannequi-
ner ; mais ce vin commençant à faire fon
effet, la galerie, compofée des révérends
Peres Anfelme, Hilaire & de moi, s'ap-
perçut bientôt que P. Ange perdoit du
terrein, & que fes mouvemens ceffoient
d'être réguliérement périodiques. Ah !
B.... s'écria tout-à-coup la connoiffeufe
Dupuis, « je crois que tu déb..... chien ;
» fi tu me faifois un pareil affront.... »
Dans l'inftant l'eftomac du pere, fatigué
par l'agitation, fait capot ; & l'inonda-
tion, portant directement fur la face de
l'infortunée Dupuis, au moment d'une
de fes exclamations amoureufes qui lui
tenoit la bouche béante, la vieille fe fentant infectée de cette exlibation infecte,
fon cœur fe fouleve ; & elle paie l'agref-
feur de la même monnoie.

Jamais fpectacle plus affreux & plus
rifible en même tems. Le Moine s'apps-

fantit. écroule fur la Dupuis : celle-ci fait
de puiffans efforts pour le renverfer de
côté, elle y réuffit. Tous deux nagent
dans l'ordure : leurs vifages font mécon-
noiffables : la Dupuis, dont la colere n'é-
toit que fufpendue, tombe fur P. Ange à
grands coups de poing : nos ris immodé-
rés, & ceux des deux fpectateurs, nous
ôtent la force de leur donner du fecours.
Enfin nous les joignîmes, & nous fépa-
râmes les champions. P. Ange s'endort :
la Dupuis fe nettoie ; à l'entrée de la
nuit, chacun fe retire & gagne tranquillement fon manoir.

Après ce beau récit, qui nous apprêta à
rire de grand cœur, la Bois-Laurier continua à-peu-près dans ces termes.

Je ne te parle point du goût de ces
monftres qui n'en ont que pour le plaifir
antiphyfique, foit comme agens, foit
comme patiens. L'Italie en produit moins
aujourd'hui que la France. Ne favons-

nous pas qu'un feigneur aimable, riche, enticé de cette frénéfie, ne put venir à bout de confommer fon mariage avec une époufe charmante, la premiere nuit de fes noces, que par le moyen de fon valet-de-chambre, à qui fon maître ordonna, dans le fort de l'acte, de lui faire la même introduction par derriere que celle qu'il faifoit à fa femme par-devant.

Je remarque cependant que Meffieurs les Antiphyfiques fe moquent de nos injures, & défendent vivement leur goût, en foutenant que leurs antagoniftes ne fe conduifent que par les mêmes principes qu'eux. « Nous cherchons tous le plaifir, » difent ces hérétiques, par la voie où » nous croyons le trouver. C'eft le goût » qui guide nos adverfaires ainfi que » nous. Or vous conviendrez que nous » ne fommes pas les maîtres d'avoir tel » ou tel goût. Mais, dit-on, lorfque » les goûts font criminels, lorfqu'ils ou-

» tragent la nature , il faut les rejetter.
» Point du tout ; en matiere de plaisirs ,
» pourquoi ne pas suivre son goût ? Il n'y
» en a point de coupables. D'ailleurs , il
» est faux que l'Antiphysique soit contre
» nature , puisque c'est cette même na-
» ture qui nous donne le penchant pour
» ce plaisir. Mais , dit-on encore , on ne
» peut pas procréer son semblable , con-
» tinuent-ils. Quel pitoyable raisonne-
» ment ! Où sont les hommes de l'un &
» de l'autre goût, qui prennent le plai-
» sir de la chair dans la vue de faire un
» enfant ? »

Enfin , continua la Bois-Laurier , Mes-
sieurs les Antiphysiques alleguent mille
bonnes raisons , pour faire voir qu'ils ne
sont à plaindre ni à blâmer. Quoi qu'il
en soit , je les déteste ; & il faut que je
conte un tour assez plaisant que j'ai joué
une fois en ma vie à un de ces exécrables
ennemis de notre sexe.

J'étois avertie qu'il devoit venir me voir; & quoique je fois une terrible pet-teufe, j'eus encore la précaution de me farcir l'eftomac d'une forte quantité de navets, afin d'être mieux en état de le recevoir fuivant mon projet. C'étoit un animal que je ne fouffrois que par com-plaifance pour ma mere. Chaque fois qu'il venoit au logis, il s'occupoit pendant deux heures à examiner mes feffes, à les ouvrir, à les refermer, à porter le doigt au trou, où il eût volontiers tenté d'y mettre autre chofe, fi je ne m'étois pas expliquée nettement fur l'article : en un mot, je le déteftois. Il arrive à neuf heures du foir ; m'ayant fait coucher à plat ven-tre fur le bord du lit : puis, après avoir exactement levé mes jupes & ma che-mife, il va, felon fa louable coutume, s'armer d'une bougie, dans le deffein de venir examiner l'objet de fon culte. C'eft où je l'attendois. Il mit un genou en

C 3

terre ; & approchant la lumiere & fon nez, je lui lâchai à brûle-pour-point un vent moëlleux que je retenois avec peine depuis deux heures ; le prifonnier, en s'é-chappant, fit un bruit enragé, & éteignit la bougie. Le curieux fe jeta incontinent en-arriere en faifant, fans doute, une grimace de tous les diables ; la bougie tombée de fes mains fut rallumée ; je profite du défordre, & me fauve, en écla-tant de rire, dans une chambre voifine, où je m'enfermai, & de laquelle ni prieres ni menaces ne purent me retirer, jufqu'à ce que mon homme au camouflet eut vuidé la maifon.

Ici Madame Bois-Laurier fut obligée de ceffer fa narration, par les ris immo-dérés qu'excita en moi cette derniere aventute. Par compagnie, elle rioit auffi de tout fon cœur ; & je penfe que nous n'euffions pas fini fi-tôt, fans l'arrivée de deux Meffieurs de fa connoiffance que

l'on vint annoncer. Elle n'eut que le tems de me dire que cette interruption la fâchoit beaucoup, en ce qu'elle ne m'avoit encore montré que le mauvais côté de son histoire, qui ne pouvoit que me donner une fort mauvaise opinion d'elle, mais qu'elle espéroit me faire bientôt connoître le bon, & m'apprendre avec quel empressement elle avoit saisi la premiere occasion qui s'étoit présentée de se retirer du train de vie abominable dans lequel la Lefort l'avoit engagée.

Je dois en effet rendre justice à la Bois-Laurier : si j'en excepte mon aventure avec monsieur R... dont elle n'a jamais voulu convenir d'avoir été de moitié, sa conduite n'a rien eu d'irrégulier pendant que je l'ai connue. Cinq ou six amis formoient sa société : elle ne voyoit de femme que moi, & les haïssoit. Nos conversations étoient décentes devant tout le monde : rien de si libertin que celle que nous tenions dans le particulier depuis nos confidences réciproques. Les hommes qu'elle voyoit étoient fensés. On jouoit à de petits jeux de commerce, enfuite on foupoit chez elle prefque tous les foirs. Le feul B... ce prétendu oncle financier, étoit admis à l'entretenir en particulier.

J'ai dit que ces deux Meffieurs nous avoient été annoncés : ils entrerent ; nous fîmes un quadrille, nous foupâmes gaiement. La Bois-Laurier, qui étoit d'une humeur charmante, & qui peut-être étoit bien aife de ne me pas laiffer feule aux réflexions de mon aventure du matin, m'entraîna dans fon lit. Il fallut coucher avec elle : on hurle avec les loups : nous dîmes & nous fîmes toutes fortes de folies.

Ce fut, mon cher Comte, le lendemain de cette nuit libertine, que je vous parlai pour la premiere fois. Jour fortuné ! fans vous, fans vos confeils, fans la tendre amitié & l'heureuse sympathie qui nous lia d'abord, je courois insensiblement à ma perte. C'étoit un vendredi : vous étiez, il m'en souvient, dans l'Amphithéatre de l'Opéra, presqu'au-dessous d'une loge où nous étions placées la Bois - Laurier & moi. Si nos yeux se rencontrerent par hasard, ils se fixerent par réflexion. Un de vos amis, qui devoit être le même soir un de nos convives, nous joignit : vous l'abordâtes un peu de tems après. On me plaisantoit sur mes principes de morale ; vous parûtes curieux de les approfondir, & ensuite charmé de les connoître à fond. La conformité de vos sentimens aux miens réveilla mon attention. Je vous écoutois, je vous voyois avec un plaisir qui m'étoit inconnu jusqu'alors. La vivacité de ce plaisir m'anima, me donna de l'esprit, développa en moi des sentimens que je n'y avois pas encore apperçus. Tel est l'effet de la sympathie des cœurs, il semble que l’on pense par l’organe de celui avec qui elle agit. Dans le même instant que je disois à la Bois - Laurier qu’elle devoit vous engager à venir souper avec nous, vous faisiez la même proposition à votre ami. Tout s’arrangea ; l’Opéra finit, nous montâmes tous quatre dans votre carrosse pour nous rendre dans votre petit hôtel garni, où, après un quadrille dont nous payâmes amplement les frais par les fautes de distraction que nous fîmes, on se mit à table & on soupa. Enfin, si je vous vis sortir avec regret, je me sentis agréablement consolée par la permission que vous exigeâtes de venir me voir quelquefois, dans un ton qui me convainquit du dessein où vous étiez de n’y pas manquer.

Lorsque vous fûtes sorti, la curieuse Bois-Laurier me questionna, & tâcha insensiblement de démêler la nature de la conversation particuliere que nous avions

eue vous & moi après le souper. Je lui dis
particuliérement que vous m'aviez paru
defirer de favoir quelle efpece d'affaire
m'avoit conduite & me retenoit à *Paris* ;
& je convins que vos procédés m'avoient
infpiré tant de confiance, que je n'avois
pas héfité à vous informer de prefque
toute l'hiftoire de ma vie, & de l'état de
ma fituation actuelle. Je continuai de lui
dire que vous m'aviez paru touché de mon
état, & que vous m'aviez fait entendre
que par les fuites vous pourriez me donner des preuves des fentimens que je vous
avois infpirés. Tu ne connois pas les
hommes, reprit la Bois-Laurier, la plu-
part ne font que des féducteurs, qui,
après avoir abufé de la crédulité d'une
fille, l'abandonnent à fon malheureux
fort. Ce n'eft pas que j'aie cette idée du
caractere du Comte perfonnellement ; au
contraire, tout annonce en lui l'homme
qui penfe, l'honnête homme, qui eft tel

par raison, par goût & sans préjugés.

Après quelques autres discours de la Bois-Laurier, qui visoient à me servir de leçons propres à m'apprendre & à connoître les différens caracteres des hommes , nous nous couchâmes ; & dès que nous fûmes au lit, nos folies firent place au raisonnement.

Le lendemain matin la Bois-Laurier me dit en s'éveillant : je vous ai conté hier, ma chere Thérèse , à-peu-près toutes les miseres de ma vie ; vous avez vu le mauvais côté de la médaille : ayez la patience de m'écouter, vous en connoîtrez le bon.

Il y avoit long-tems , poursuivit-elle , que mon cœur étoit bourrelé , que je gémissois de la vie indigne , humiliante, dans laquelle la misere m'avoit plongée, & où l'habitude & les conseils de la Lefortune retenoient, lorsque cette femme, qui avoit eu l'art de conserver sur moi une sorte d'autorité de mere , tomba

malade

malade & mourut. Chacun me croyant
fa fille, je reſtai héritiere de tout. Je trou-
vai, tant en argent comptant qu'en meu-
bles, vaiſſelle, linge, de quoi former une
ſomme de trente-ſix mille livres : en me
conſervant un honnête néceſſaire, tel que
vous le voyez aujourd'hui, je vendis le
ſuperflu, & dans l'eſpace d'un mois j'ar-
rangeai mes affaires de maniere que je
m'aſſurai trois mille quatre cents livres
de rentes viageres. Je donnai mille livres
aux pauvres, & je partis pour Dijon,
dans le deſſein de m'y retirer & d'y paſſer
tranquillement le reſte de mes jours

Chemin faiſant, la petite vérofe me
prit à Auxerre; elle changea tellement
mes traits & mon viſage, qu'elle me ren-
dit méconnoiſſable. Cet événement, joint
au mauvais ſecours que j'avois reçu pendant ma maladie dans la province que je
m'étois propoſée d'habiter, me fit changer de réſolution. Je compris auſſi que

retournant à Paris & m'éloignant des
deux quartiers que j'avois habités pendant mes deux caravannes, je pourrois
facilement y vivre tranquille dans un autre, fans être reconnue J'y fuis donc de
retour depuis un an. M. B... eft le feul
homme qui m'y connoiffe pour ce que je
fuis : il veut bien que je me dife fa niece,
parce que je me fais paffer pour une
femme de qualité. Vous étes auffi, Thérefe, la feule femme à qui je me fois
confiée, bien perfuadée qu'une perfonne
qui a des principes tels que les vôtres,
eft incapable d'abufer de la confiance
d'une amie, que vous vous êtes attachée
par la bonté de votre caractere & par
l'équité qui regne dans vos fentimens.

Fin de l'Hiftoire de la Bois-Laurier.

LORSQUE Madame Bois - Laurier eut
fini, je l'affurai qu'elle devoit faire fond
fur ma difcrétion; & je la remerciai de
bon cœur. de ce qu'elle avoit vaincu en
ma faveur la répugnance que l'on a natu-
rellement à informer quelqu'un de fes
déréglémens paffés.

Il étoit alors près de midi. Nous en
étions aux politeffes mutuelles, la Bois-

D 2

Laurier & moi, lorsqu'on m'annonça que vous demandiez à me voir. Mon cœur treſſaillit de joie : je me levai, je volai auprès de vous : nous dinâmes & paſſâmes enſemble le reſte de la journée.

Trois ſemaines s'écoulerent, pour ainſi dire, ſans que nous nous connoiſſions & ſans que j'euſſe l'eſprit de m'appercevoir que vous employiez ce tems à connoître ſi j'étois digne de vous. En effet, enivrée du plaiſir de vous voir, mon ame n'appercevoit aucun autre ſentiment dans moi ; & quoique je n'euſſe d'autre deſir que celui de vous poſſéder toute ma vie, il ne me vint jamais dans l'idée de former un projet ſuivi, pour m'aſſurer ce bonheur.

Cependant la modeſtie de vos expreſſions & la ſageſſe de vos procédés avec moi, ne laiſſoient pas de m'alarme. S'il m'aimoit, dis-je, il auroit auprès de moi les airs de vivacité que je vois à tels & à tels „ qui m'affurent qu'ils ont pour moi l'amour le plus vif. Cela m'inquiétoit. J'ignorois alors que les gens fenfés aiment avec des procédés fenfés , & que les étourdis font des étourdis par-tout.

Enfin , mon cher Comte , au bout d'un mois , vous me dites un jour affez laconiquement , que ma fituation vous avoit inquiété dès le jour même que vous m'aviez connue ; que ma figure . mon caractere , ma confiance en vous , vous avoient déterminé à chercher des moyens qui puffent me tirer du labyrinthe dans lequel j'étois à la veille d'être engagée. Je vous parois fans doute bien froid , Mademoifelle, ajoutâtes-vous , pour un homme qui vous affure qu'il vous aime. Cependant rien n'eft fi certain ; mais comptez que la paffion qui m'affecte le plus , eft celle de vous rendre heureufe. Je voulus en ce moment vous interrompre pour vous remercier. Il n'eft pas tems , Mademoifelle,

reprîtes-vous ; ayez la bonté de m'écouter jusqu'à la fin. J'ai douze mille livres
de rente ; je puis, sans m'incommoder,
vous en affurer deux mille pendant votre
vie. Je fuis garçon, dans la ferme réfolu-
tion de ne jamais me marier, & déterminé de quitter le grand monde, dont les
bizarreries commencent à m'être trop à
charge, pour me retirer dans une affez
belle terre que j'ai à quatre lieues de
Paris. Je pars dans quatre jours. Voulez-
vous m'y accompagner comme amie ?
Peut-être par la fuite déterminerez-vous
vous à vivre avec moi comme ma maî-
treffe : cela dépendra du plaifir que vous
aurez à m'en faire : mais comptez que
cette détermination ne réuffira qu'autant
que vous fentirez intérieurement qu'elle
peut contribuer à votre félicité.

C'eft une folie, ajoutâtes - vous, de
croire qu'on eft maître de fe rendre heureux par fa façon de penfer. Il eft démon-

tré qu'on ne pense pas comme on veut. Pour faire son bonheur, chacun doit saisir le genre de plaisir qui lui est propre, qui convient aux passions dont il est affecté, en combinant ce qui résultera de bien & de mal de la jouissance de ce plaisir, & en observant que ce bien & ce mal soient considérés non-seulement eu égard à soi-même, mais encore eu égard à l'intérêt public. Il est constant que l'homme, par la multiplicité de ses besoins, ne peut être heureux sans le concours d'une infinité d'autres personnes ; chacun doit être attentif à ne rien faire qui blesse la félicité de son voisin. Celui qui s'écarte de ce système, fuit le bonheur qu'il cherche. D'où l'on peut conclure avec certitude, que le premier principe que chacun doit suivre pour vivre heureux dans ce monde, est d'être honnête homme, & d'observer les loix humaines, qui font comme les liens des besoins mutuels de la société. Il

D 4

est évident, dis - je, que ceux ou celles qui s'éloignent de ce principe ne peuvent être heureux ; ils font perfécutés par la rigueur des loix, par les remords, par la haine & par le mépris de leurs concitoyens.

Réfléchiffez donc, continuâtes-vous, à tout ce que je viens d'avoir l'honneur de vous dire : confultez, voyez fi vous pouvez être heureufe en me rendant heureux. Je vous quitte ; demain je viendrai recevoir votre réponfe.

Votre difcours m'avoit ébranlée. Je fentis un plaifir inexprimable à imaginer que je pouvois contribuer à ceux d'un homme qui penfoit comme vous. J'apperçus en même tems le labyrinthe dont j'étois ménacée, & fur lequel votre générofité devoit me raffurer. Je vous aimois ; mais que les préjugés font puiffans & difficiles à détruire ! L'état de fille entretenue, auquel j'avois toujours vu atta-

cher une honte, me faisoit peur. Je crai-
gnois aussi de mettre un enfant au monde.
Ma mere, Madame C... avoient failli de
périr dans l'accouchement. D'ailleurs
l'habitude où j'étois de me procurer par
moi-même un genre de volupté que l'on
m'avoit dit être égal à celui que nous
recevons dans les embrassemens d'un
homme, amortissoit le feu de mon tempérament; & je ne desirois jamais rien à
cet égard, parce que le soulagement suivoit immédiatement les desirs. Il n'y avoit
donc que la perspective d'une misere pro-
chaine, ou l'envie de me rendre heureuse
en faisant votre bonheur, qui pussent me
déterminer. Le premier motif ne fit qu'ef-
fleurer; le second me décida.

Avec quelle impatience n'attendis-je
pas votre retour chez moi, dès que j'eus
pris mon parti! Le lendemain vous parûtes; je me précipitai dans vos bras.
Oui, Monsieur, je suis à vous, m'écriai-

je ; ménagez la tendresse d'une fille qui vous chérit : vos sentimens m'assurent que vous ne contraindrez jamais les miens. Vous savez mes craintes , mes foiblesses, mes habitudes. Laissez agir le tems & vos conseils. Vous connoissez le cœur humain, le pouvoir des sensations sur la volonté ; servez-vous de vos avantages pour faire naître en moi celles que vous croirez les plus propres pour me déterminer à contribuer sans réserve à vos plaisirs. En attendant je suis votre amie , &...

Je me rappelle que vous m'interrompîtes à ce doux épanchement de mon cœur. Vous me promîtes que vous ne contraindriez jamais mon goû & mes inclinations. Tout fut arrangé. Je l'annonçai le lendemain à la Bois-Laurier, qui fondit en larmes en me quittant, & nous partîmes enfin pour votre terre , le jour que vous aviez fixé.

Arrivée dans cet aimable séjour, je ne

fus point étonnée du changement de mon
état, parce que mon esprit n'étoit occupé
que du soin de vous plaire.

Deux mois s'écoulerent sans que vous
me pressassiez sur des desirs que vous cher-
chiez à faire naître insensiblement dans
moi. J'allois au-devant de tous vos plaisirs, excepté de ceux de la jouissance dont
vous me vantiez les ravissemens, que je
ne croyois pas plus vifs que ceux que je
goûtois par l'habitude, & que j'offrois
de vous faire partager. Je frémissois, au
contraire, à la vue du trait dont vous
menaciez de me percer. Comment seroit-
il possible, me disois-je, que quelque
chose de cette longueur, de cette gros-
seur, avec une tête aussi monstrueuse,
puisse être reçu dans un espace où je puis
à peine introduire le doigt? D'ailleurs, si
je deviens mere, je le sens, j'en mourrai.
Ah! mon cher ami, continuai-je, évi-
tons cet écueil fatal; laissez-moi faire. Je

careſſois, je baiſois ce que vous nommez votre *docteur :* je lui donnois des mouvemens qui, en vous dérobant comme malgré vous cette liqueur divine, vous conduiſoient à la volupté & rétabliſſoient le calme dans votre ame.

Je remarquois que, dès que.l'aiguillon de la chair étoit émouſſé, ſous prétexte du goût que j'avois pour les matieres de morale & de métaphyſique, vous employiez la force du raiſonnement pour déterminer ma volonté à ce que vous deſiriez de moi.

C'eſt l'amour-propre, me diſiez-vous un jour, qui décide de toutes les actions de notre vie. J'entends par cet amour-propre cette ſatisfaction intérieure, que nous ſentons à faire telle ou telle choſe. Je vous aime, par exemple, parce que j'ai du plaiſir à vous aimer. Ce que j'ai fait pour vous peut vous convenir, vous être utile ; mais ne m'en ayez aucune obliga

tion. C'eſt l'amour - propre qui m'y a déterminé : c'eſt parce que j'ai fixé mon
bonheur à contribuer au vôtre ; & c'eſt
par ce motif que vous ne me rendrez
heureux que lorſque votre amour-propre
y trouvera ſa ſatisfaction particuliere. Un
homme donne ſouvent l'aumône aux pauvres, il s'incommode même pour les ſoulager : ſon action eſt utile au bien de la
ſociété, elle eſt louable à cet égard ; mais
par rapport à lui, rien moins que cela. Il
a fait l'aumône, parce que la compaſſion
qu'il reſſentoit pour ces malheureux excitoit en lui une peine, & qu'il a trouvé
moins de déſagrément à ſe défaire de ſon
argent à leur faveur, qu'à continuer de
ſupporter cette peine excitée par la compaſſion ; ou peut-être encore que l'amour-
propre, flatté par la vanité de paſſer pour
homme charitable, eſt la véritable ſatiſfaction intérieure qui l'a décidé. Toutes
les actions de notre vie ſont dirigées par

ces deux principes : " se procurer plus
» ou moins de plaisir, éviter plus ou
» moins de peine. »

D'autres fois vous m'expliquiez, vous
étendiez les courtes leçons que j'avois
reçues de M. l'Abbé T... Il vous a appris,
me disiez-vous, que nous ne sommes pas
plus maîtres de penser de telle & telle
maniere, d'avoir telle ou telle volonté,
que nous ne sommes les maîtres d'avoir
ou de ne pas avoir la fievre. En effet,
ajouriez-vous, nous voyons, par des ob-
servations claires & simples, que l'ame
n'est maîtresse de rien, qu'elle n'agit qu'en
conséquence des sensations & des facul-
tés du corps ; que les causes qui peuvent
produire du dérangement dans les organes, troublent l'ame, alterent l'esprit ;
qu'un vaisseau, un fibre dérangés dans le
cerveau, peuvent rendre imbécille l'homme qui a le plus d'intelligence. Nous sa-
vons que la nature n'agit que par les voies

les plus simples, que par un principe uni-
forme : or, puisqu'il est évident que nous
ne sommes pas libres dans de certaines
actions, nous ne le sommes dans aucune.

Ajoutons à cela, que si les ames étoient
purement spirituelles, elles seroient toutes les mêmes. Étant toutes les mêmes,
si elles avoient la faculté de penser & de
vouloir par elles-mêmes, elles penseroient
& se détermineroient toutes de la même
maniere dans des cas égaux ; or, c'est ce
qui n'arrive point : donc elles font déter-
minées par quelqu'autre chose, & ce
quelqu'autre chose ne peut être que la
matiere, puisque les plus crédules ne
connoissent que l'esprit & la matiere.

Mais demandons à ces hommes crédules ce que c'est que l'esprit ? Peut-il exis-
ter & n'être dans aucun lieu ? S'il est
dans un lieu, il doit occuper une place :
s'il occupe une place, il est étendu : s'il
est étendu, il a des parties ; & s'il a des

parties, il est matiere. Donc l'esprit est une chimere, ou il fait partie de la matiere.

De ces raisonnemens, disiez-vous, on peut conclure avec certitude, premiérement que nous ne pensons de telle ou de telle maniere, que par rapport à l'organisation de nos corps, joint aux idées que nous recevons journellement par le tact, l'ouie, la vue, l'odorat & le goût: secondement, que le bonheur & le malheur de notre vie dépendent de cette modification de la matiere & de ces idées; qu'ainsi les génies, les gens qui pensent, ne peuvent trop se donner de soins & de peines pour inspirer des idées qui soient propres à contribuer efficacement au bonheur public, & particuliérement à celui des personnes qu'ils aiment. Et que ne doivent pas faire à cet égard les peres & les meres envers leurs enfans, les gouverneurs, les précepteurs envers leurs disciples?

Enfin, mon cher Comte, vous commenciez à vous sentir fatigué de mes refus, lorsque vous vous avisâtes de faire venir de Paris votre Bibliotheque galante, avec votre collection de Tableaux dans le même genre. Le goût que je fis paroître pour les livres, & encore plus pour la peinture, vous fit imaginer deux moyens qui vous réuslirent. Vous aimez donc, Mademoiselle Thérese, me dites-vous en plaisantant, les lectures & les peintures ? J'en suis ravi : vous aurez du plus faillant ; mais capitulons, s'il vous plaît : je consens de vous prêter, & de placer dans votre appartement ma Bibliotheque & mes Tableaux pendant un an, pourvu que vous vous engagiez de rester pendant quinze jours sans porter même la main à cette partie, qui en bonne justice devroit bien être aujourd'hui de mon domaine, & que vous fassiez sincérement divorce au MANUÉLISME. Point de quartier, ajoutâtes - vous. il est juste que chacun mette un peu de complaisance dans le commerce J'ai de bonnes raisons pour exiger celle-ci de vous: optez ; sans cet arrangement, point de livres, point de tableaux.

J'hésitai peu, je fis des vœux de continence pour quinze jours. Ce n'est pas tout, me dites-vous encore ; imposons-nous des conditions réciproques : il n'est pas équitable que vous fissiez un pareil sacrifice pour la vue de ces tableaux ou pour une lecture momentanée Faisons une gageure, que vous gagnerez sans doute. Je parie ma bibliotheque & mes tableaux, contre votre pucelage, que vous n'obferverez pas la continence pendant quinze jours, ainsi que vous le promettez. En vérité, Monsieur, vous répondis-je d'un air un peu piqué. vous avez une idée singuliere de mon tempérament, & vous me croyez bien peu maîtreſſe de moi-même. Oh ! Mademoiſelle, répliquâtes - vous, point de procès, je vous prie ; je n'y ſuis pas heureux avec vous. Je ſens au reſte que vous ne devinez point l'objet de ma propoſition : écoutez-moi. N'eſt-il pas vrai que toutes les fois que je vous fais un préſent, votre amour-propre paroît bleſſé de le recevoir d'un homme que vous ne rendez pas auſſi content qu'il pourroit l'être ? Eh bien, la bibliotheque & les tableaux, que vous aimez tant, ne vous ſeront pas rougir, puiſqu'ils ne ſeront à vous que parce que vous les aurez gagnés. Mon cher Comte, repris-je, vous me tendez des pieges ; mais vous en ferez la dupe, je vous en avertis. J'accepte la gageure, m'écriai-je, & je m'oblige, qui plus eſt, à ne m'occuper toutes les matinées qu'à lire vos livres & à voir vos tableaux enchanteurs.

Tout fut porté par vos ordres dans ma

chambre. Je dévorai des yeux, ou, pour mieux dire, je parcourus tour-à-tour, pendant les quatre premiers jours, *l'Histoire du Portier des Chartreux*, celle *de la Tourriere des Carmélites*, *l'Académie des Dames*, *les Lauriers Eccléfiaftiques*, *Thémidore*, *Frétillon*, *la Fille de Joie*, &c. & nombre d'autres de cette efpece, que je ne quittai que pour examiner avec avidité des tableaux où les poftures les plus lafcives étoient rendues avec un coloris & une expreffion qui portoient un feu brûlant dans mes veines.

Le cinquieme jour, après une heure de lecture, je tombai dans une efpece d'extafe. Couchée fur mon lit, les rideaux ouverts de toutes parts, deux tableaux, *les Fêtes de Priape*, *les Amours de Mars & de Vénus*, me fervoient de perfpective. L'imagination échauffée par les attitudes qui y étoient repréfentées, je me débarraffai de draps & de couverture ; & sans réfléchir si la porte de ma chambre étoit bien fermée, je me mis en devoir d'imiter toutes ces postures que je voyois. Chaque figure m'inspiroit le sentiment que le Peintre y avoit donné. Deux athletes qui étoient à la partie gauche du tableau des *Fêtes de Priape* m'enchantoient, me transportoient, par la conformité du goût de la petite femme au mien. Machinalement ma main droite se porta où celle de l'homme étoit placée, & j'étois au moment d'y enfoncer mon doigt, lorsque la réflexion me retint. J'apperçus l'illusion ; & le souvenir des conditions de notre gageure m'obligea de lâcher prise.

Que j'étois bien éloignée de vous croire spectateur de mes foiblesses, si ce doux penchant de la Nature en est une : & que j'étois folle, grands Dieux, de résister aux plaisirs inexprimables d'une jouissance réelle ! Tels sont les effets du préjugé : ils

nous aveuglent, ils font nos tyrans. D'autres parties de ce premier tableau exci-
toient tour-à-tour mon admiration & ma
pitié. Enfin, je jetai les yeux sur le second.
Quelle lasciveté dans l'attitude de Vénus! Comme elle, je m'étendis molle-
ment; les cuisses un peu éloignées, les
bras voluptueusement ouverts, j'admi-
rois l'attitude du Dieu Mars. Le feu,
dont ses yeux, & sur-tout sa lance, pa-
roissoient être animés, passa dans mon
cœur. Je me coulois sur les draps, mes
fesses s'agitoient voluptueusement, comme pour porter en-avant la couronne destinée au vainqueur. Quoi, m'écriai-je,
les Divinités mêmes font leur bonheur
d'un bien que je refuse! Ah! cher amant,
je n'y résiste plus. Parois, Comte, je ne
crains point ton tard: tu peux percer ton
amante; tu peux même choisir où tu vou-
dras frapper. tout m'est égal; je souffri-
rai tes coups avec constance, sans mur-

murer : & pour assurer ton triomphe, tiens, voilà mon doigt placé.

Quelle surprise ! quel heureux mo‑ment ! Vous parûtes tout‑à‑coup, plus fier, plus brillant que Mars ne l'étoit dans le tableau. Une légere robe‑de‑chambre qui vous couvroit fut arrachée. J'ai eu trop de délicatesse, me dites‑vous, pour profiter du premier avantage que tu m'as donné : j'étois à ta porte d'où j'ai tout vu, tout entendu ; mais je n'ai pas voulu devoir mon bonheur au gain d'une gageure ingénieuse. Je ne pa‑rois, mon aimable Thérese, que parce que tu m'as appellé. Es‑tu déterminée ? Oui, cher amant, m'écriai‑je, je suis toute à toi ; frappe‑moi, je ne crains plus tes coups.

A l'instant vous tombâtes entre mes bras ; je saisis, sans hésiter, la fleche qui jusqu'alors m'avoit parue si redouta‑ble, & je la plaçai moi‑même à l'embou‑

chure qu'elle menaçoit ; vous l'enfon-
çâtes , fans que vos coups redoublés m'ar-
rachaffent le moindre cri : mon attention, fixée fur l'idée du plaifir, ne me
laiffa pas appercevoir le fentiment de la
douleur.

Déjà l'emportement fembloit avoir
banni la Philofophie, de l'homme maître
de lui-même, lorfque vous me dites avec
des fons mal articulés : « Je n'uferai pas,
» Thérefe, de tout le droit qui m'eft
» acquis : tu crains de devenir mere, je
» vais te ménager ; le grand plaifir s'ap-
» proche ; porte de nouveau ta main fur
» ton vainqueur, dès que je le retirerai,
» & aide-le par quelques fecouffes à ...
» Il eft tems, ma fille ; je ... de ... plai-
» firs... » Ah ! je meurs auffi, m'écriai-
je ; je ne me fens plus, je ... me ...
pâ ... me.

Cependant j'avois faifi le trait , je le
ferrois légèrement dans ma main qui lui
fervait

servoit d'étui & dans laquelle il acheva
de parcourir l'espace qui le rapprochoit
de la volupté. Nous recommençâmes, &
nos plaisirs se sont renouvellés depuis dix
ans, dans la même forme, sans trouble,
sans enfans, sans inquiétude.

Voilà, je pense, mon cher Bienfaiteur,
ce que vous avez exigé que j'écrivisse des
détails de ma vie. Que de sots, si jamais
ce manuscrit venoit à paroître, se re-
crieroient contre la lasciveté, contre les
principes de morale & de métaphysique
qu'il contient ! Je répondrois à ces sots,
à ces machines lourdement organisées, à
ces especes d'automates accoutumés à
penser par l'organe d'autrui, qui ne font
telle ou telle chose, que parce qu'on leur
dit de les faire ; je leur répondrois, dis-
je, que tout ce que j'ai écrit, est fondé
sur l'expérience & sur le raisonnement
détaché de tout préjugé.

Oui, ignorans, la nature est une

chimere. Tout est l'ouvrage de Dieu. C'est de lui que nous tenons les besoins de manger, de boire, & de jouir des plaisirs : pourquoi donc rougir en remplissant ses desseins ? Pourquoi craindre de contribuer au bonheur des humains, en leur apprêtant des ragoûts variés, propres à contenter avec sensualité ces divers appétits ? Pourrai-je appréhender de déplaire à Dieu ni aux hommes, en annonçant des vérités qui ne peuvent qu'éclaircir sans nuire ? Je vous le répete donc, Censeurs atrabilaires, nous ne pensons pas comme nous voulons. L'ame n'a de volonté, n'est déterminée que par les sensations, que par la matiere. La raison nous éclaire : mais elle ne nous détermine point. L'amour - propre, le plaisir à espérer, ou le déplaisir à éviter, font le mobile de toutes nos déterminations. Le bonheur dépend de la conformation des organes, de l'éducation, des fenfations externes ; & les loix humaines font telles , que l'homme ne peut être heureux qu'en les obfervant, qu'en vivant en honnête homme. Il y a un Dieu ; nous devons l'aimer , parce que c'eft un Être fouverainement bon & parfait L'homme fenfé , le Philofophe doit contribuer au bonheur public , par la régularité de fes mœurs. Il n'y a point de culte , Dieu fe fuffit à lui - même ; les génuflexions , les grimaces , l'imagination des hommes ne peuvent augmenter fa gloire. Il n'y a de bien & de mal moral , que par rapport aux hommes , rien par rapport à Dieu. Si le mal phyfique nuit aux uns . il eft utile aux autres : le Médecin , le Procureur , le Financier vivent des maux d'autrui : tout eft combiné. Les loix établies dans chaque région , pour refferrer les liens de la fociété . doivent être refpectées : celui qui les enfreint doit être puni, parce que, comme l'exemple re-

E 3

tient les hommes mal organifés . mal in-
tentionnés , il eft jufte que la punition
d'un infractaire contribue à la tranquillité
générale. Enfin , les Rois, les Princes,
les Magiftrats , tous fupérieurs par gradations , qui rempliffent les devoirs de
leur état , doivent être aimés & refpec-
tés . parce que chacun d'eux agit pour
contribuer au bien de tous.

Fin du Tome II.

JOUISSANCE.

L'AMOUREUX oiſeaux du matin
Chantoit ſa premiere victoire,
Quand l'Amour m'éveillant ſoudain,
Offre Doris à ma mémoire.
Au réveil de l'aſtre du jour ;
Entre mes bras, ſenſible & tendre,
La jeune Doris devoit rendre
Son premier hommage à l'Amour.
Déjà chez moi pour cette fête
Sont tous les enfans de Cypris :
Les uns pour couronner ſa tête
Préparent des myrtes fleuris ;
Ceux-ci des campagnes de Flore

E 3

Portant un butin précieux,

De ses dons qui viennent d'éclore

Font un autel délicieux ;

D'autres de leurs ailes légeres

Provoquent les tendres Zéphirs ;

Plusieurs attendent le mystere,

Folâtrant avec les plaisirs.

J'animois leur troupe riante,

Quand soudain j'entends un bruit sourd ;

J'ouvre, & je vois Doris tremblante,

A pas lents qui suivoit l'Amour.

Ses yeux se troublent à ma vue,

Sur son front monte la pudeur,

Et l'innocence retenue

Combat encore dans son cœur.

Sur sa main délicate & tendre

Je me colle amoureusement ;

Elle me fuit fans fe défendre
Dans mon heureux appartement.
L'air de Paphos qu'on y refpire ,
Excite , enflamme mes defirs :
Doris fe trouble , je foupire ,
Auffi-tôt volent les plaifirs.
Après mille baifers de flamme
Pris fur fa bouche & fes yeux ,
Je romps un corfet envieux ,
Et fur fa gorge je me pâme.
Quels furent vos tendres tranfports ,
Zéphirs ! Vos riantes haleines
Jamais fur l'émail de nos plaines
N'ont careffé tant de tréfors.
Cependant le Dieu qui préfide
A ces myfteres révérés ,
D'une fureur fainte & rapide

Agite mes sens égarés.

Rempli du Dieu qui me transporte,

J'embrasse Doris, & la porte

Sur l'Autel sacré de l'Amour;

Autel simple, mais plein de charmes,

Où le sang coule sans alarmes,

Où tout mortel reçoit le jour.

O toi, dont la flamme m'anime,

Dieu d'Amathonte, dis-je alors,

Tu vois à tes pieds ta victime,

Rends-la docile à mes efforts!

A ces mots, la Cour de Cythere

Forme un long applaudissement;

J'acheve un pénible mystere,

Et Doris se plaint tendrement.

F I N.

www.ingramcontent.com/pod-product-compliance
Lightning Source LLC
LaVergne TN
LVHW020840200726
843508LV00003B/1004

* 9 7 8 2 3 2 9 7 5 1 5 8 0 *